Fairy Tales

Directions on page 49.

Directions on page 51.

Directions on page 52.

Directions on page 53.   5

Directions on page 85

Directions on page 56.

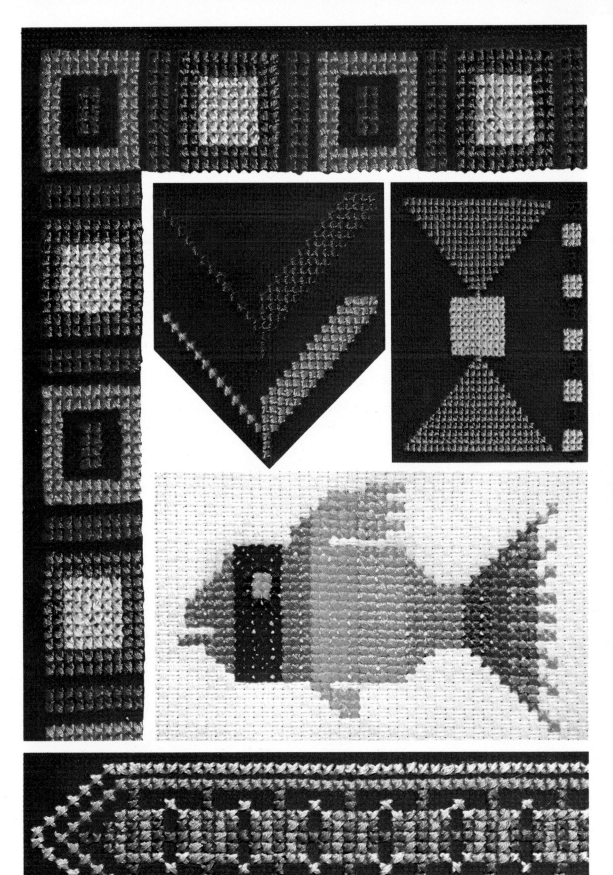

Directions on page 57.

9

Directions on page 58.

Directions on page 59.

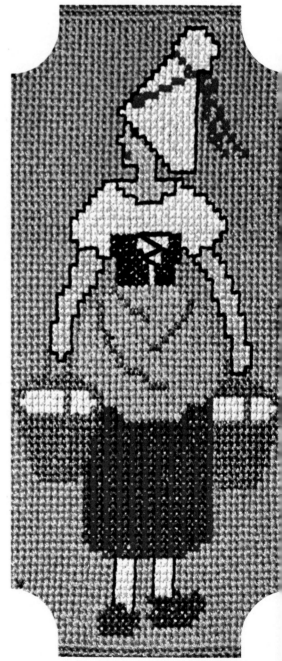

Directions on page 60.

Directions on page 61.

Flowers

Directions on page 62.

Directions on page 63.

Directions on page 64.

Directions on page 65.

Directions on page 66.

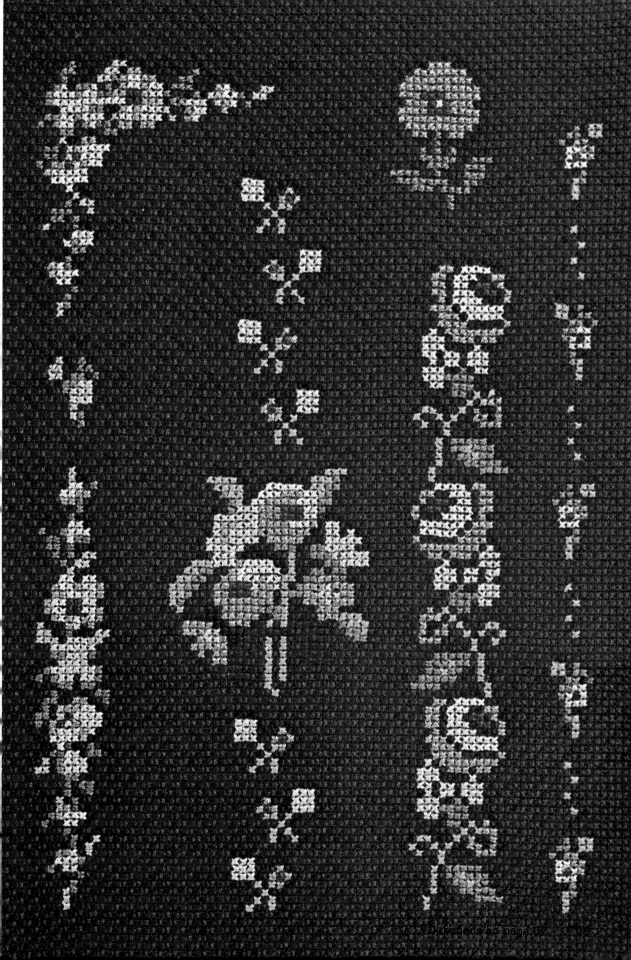

Directions on page 68.

Directions on page 69.

Directions on page 71. 23

Directions on page 75.

Directions on page 76

Directions on page 78.

Directions on page 79.

Directions on page 80.

INITIALS

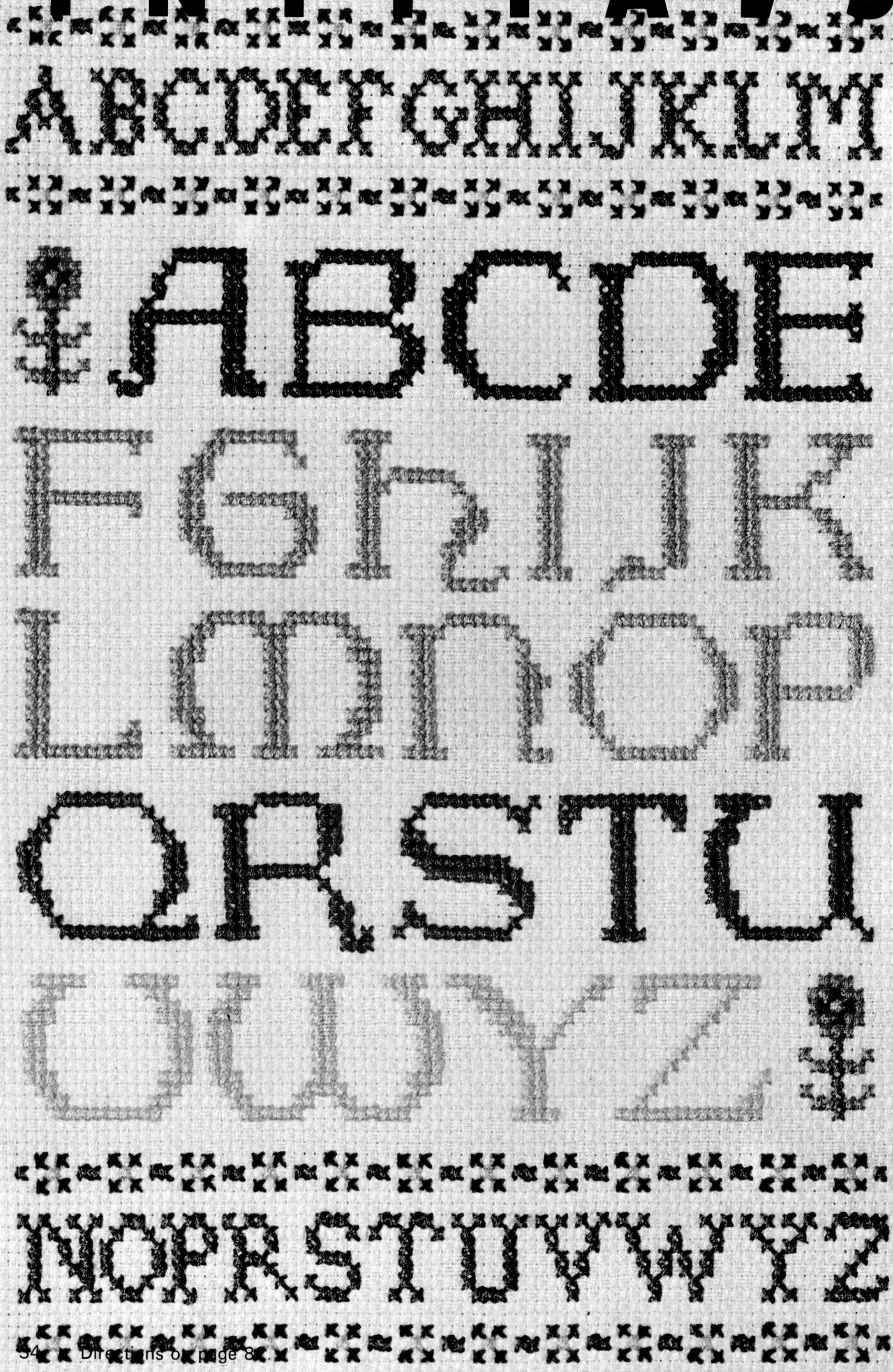

A B C D E F G H I J K L M

⚢ A B C D E

F G H I J K

L M N O P

Q R S T U

V W X Y Z ⚢

N O P R S T U V W X Y Z

Directions on page 85.

SUCCESSIVE PATTERNS

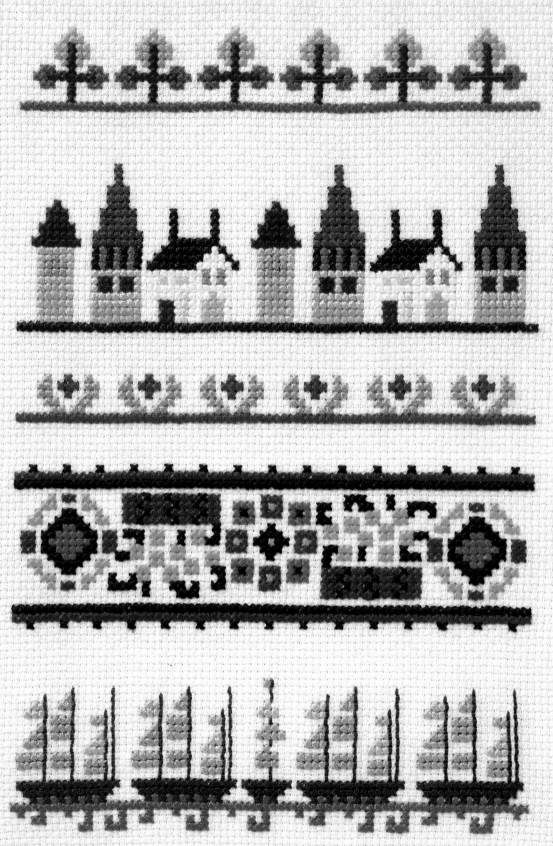

Directions on page 87.

Directions on page 89.

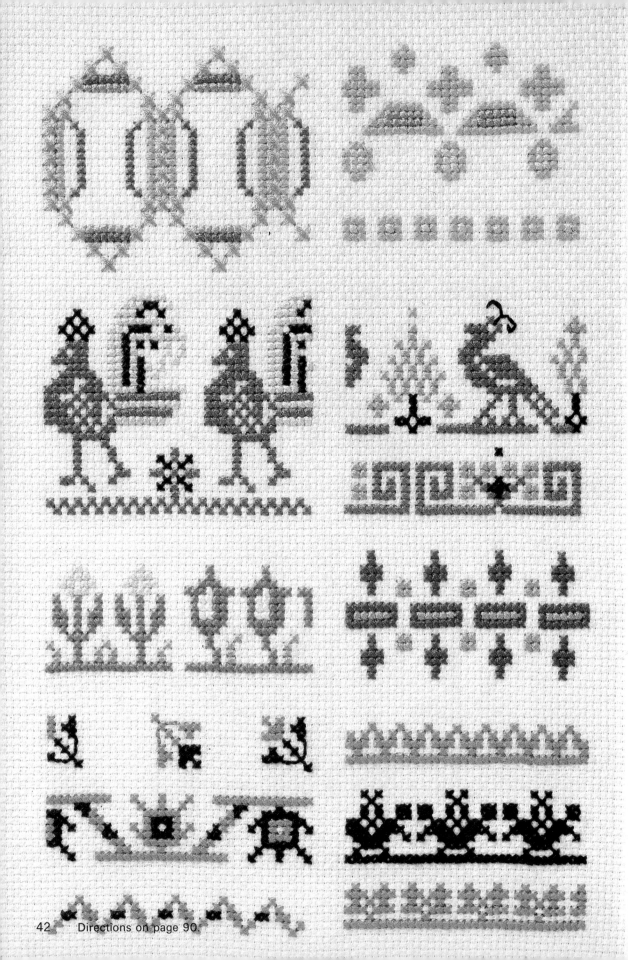

Directions on page 90.

Directions on page 93.

Directions on page 9

Directions on page 95.

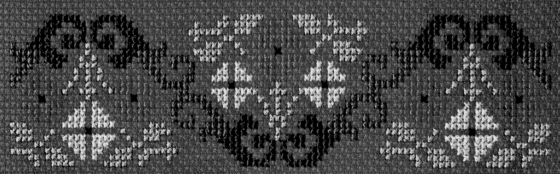

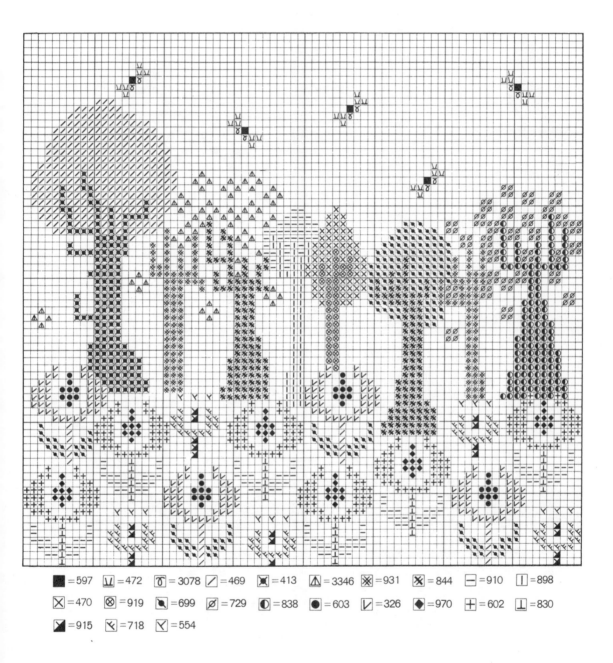

■	=597	⊔	=472	⊺	= 3078	∕	=469	✕	=413	⬠	= 3346	✳	=931	✕	=844	⊟	=910	‖	=898
✕	=470	⊗	=919	◣	=699	∅	=729	◑	=838	●	= 603	⩔	=326	◆	=970	✛	=602	⊥	=830
◪	=915	⩗	=718	⩒	=554

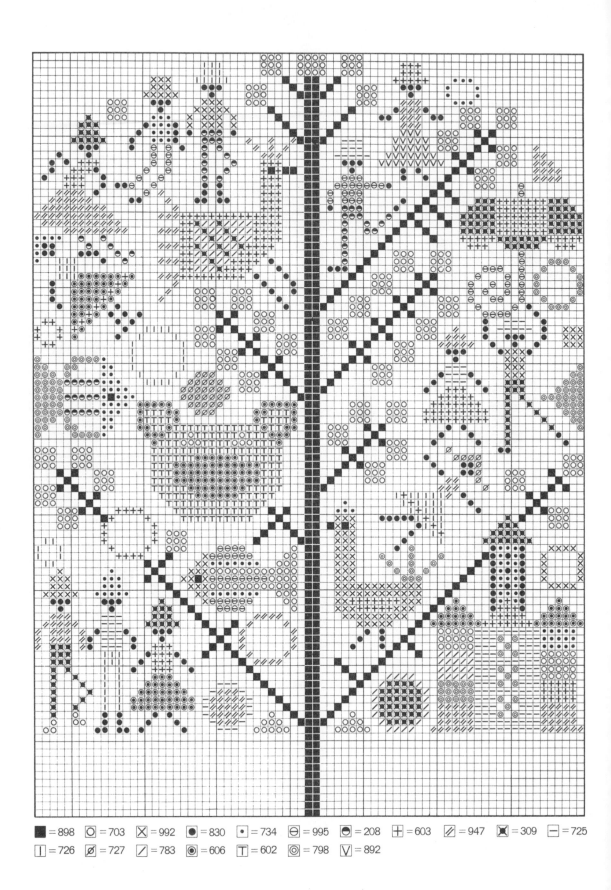

■ = 898   Ⓞ = 703   ⊠ = 992   ⬤ = 830   • = 734   ⊖ = 995   ⊜ = 208   ⊞ = 603   ⧄ = 947   ⊠ = 309   ⊟ = 725

▯ = 726   ⌀ = 727   ⧄ = 783   ◉ = 606   Ⓣ = 602   ◎ = 798   ⩔ = 892

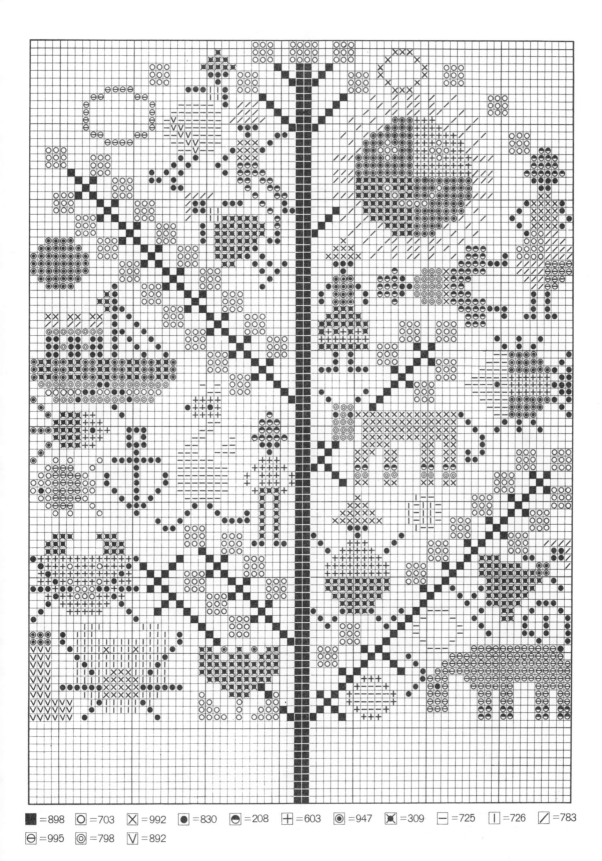

■ =898　Ⓞ =703　☒ =992　● =830　⊖ =208　➕ =603　◉ =947　☒ =309　⊟ =725　▯ =726　╱ =783

⊝ =995　◎ =798　Ⅴ =892

HOLBEIN
(310)

HOLBEIN
(725)

HOLBEIN
(701)

HOLBEIN
(992)

HALF CROSS
(434)

STRAIGHT
(434)

HOLBEIN
(434)

◆ =601 ● =321 ■ =310 O =309 • =776 ＋ =726 V =727 ▲ =798 ⁄⁄ =434 ⊠ =435 ⁄ =438

‖ =991 △ =993 ⅄ =WHITE ◎ =992 ◣ =806 ✎ =975 ◒ =3371 ☒ =301 ◐ =666 ⬔ =517 Z =943

⦶ =741 ⅌ =742 ∩ =905 T =699 ⊕ =919 Λ =922 ◉ =351

STRAIGHT (310)

FLY (434)

STRAIGHT (369)

STRAIGHT (320)

STRAIGHT (504)

STRAIGHT (502)

FRENCH KNOT (975)

STRAIGHT (321)

STRAIGHT (320)

● = 321	┼ = 3354	Ｏ = 798	▲ = 820	■ = 310	△ = 783	Ҟ = 992	▨ = 991	∥ = 434
⸝ = 349	Ⓘ = 350	✕ = 725	Ｚ = 300	Ｓ = 367	⊢ = 368	Ｔ = 501	∩ = 503	◣ = 355
◉ = 801	Ｖ = 973	◢ = 326	Ʌ = 210	⊠ = 3326	‖ = 727			

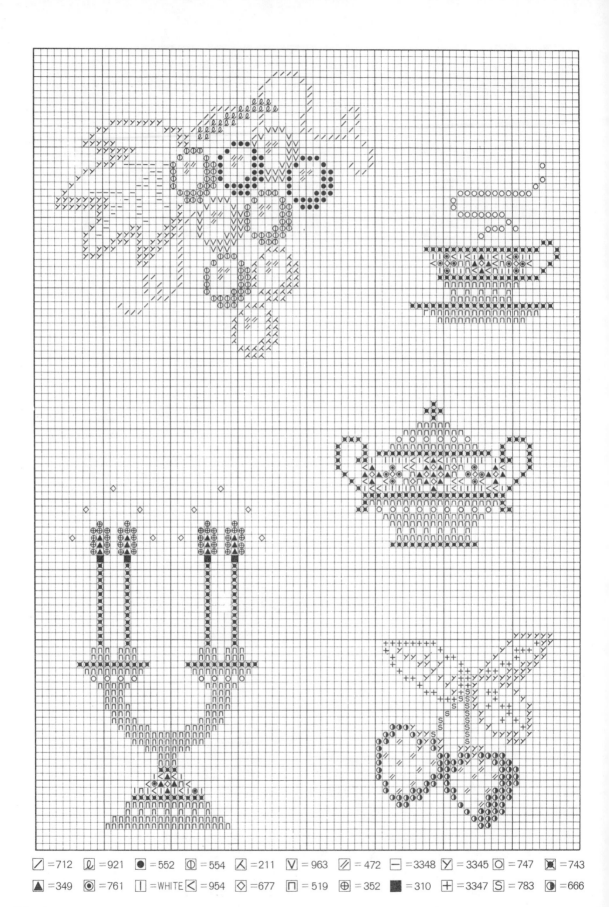

⧄ =712	ℓ =921	● =552	⦶ =554	⟁ =211	V =963	⧄ =472	— =3348	Y =3345	O =747	⬕ =743
▲ =349	⊙ =761	I =WHITE	⟨ =954	◇ =677	⨅ =519	⊕ =352	■ =310	＋ =3347	S =783	◑ =666

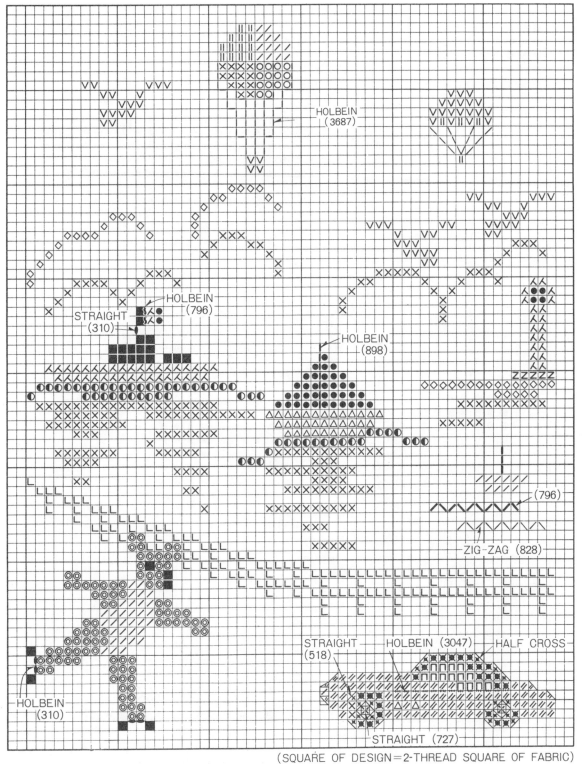

HOLBEIN (3687)

HOLBEIN (796)

STRAIGHT (310)

HOLBEIN (898)

(796)

ZIG-ZAG (828)

STRAIGHT (518)

HOLBEIN (3047)

HALF CROSS

HOLBEIN (310)

STRAIGHT (727)

(SQUARE OF DESIGN = 2-THREAD SQUARE OF FABRIC)

Symbol	Color	Symbol	Color
V = WHITE	II = 3687	/ = 727	X = 828
O = 3689	◇ = 813	● = 666	■ = 310
⅄ = 712	◐ = 796	△ = 3047	Z = 922
L = 415	◎ = 921	X = 898	// = 518
⊓ = 776			

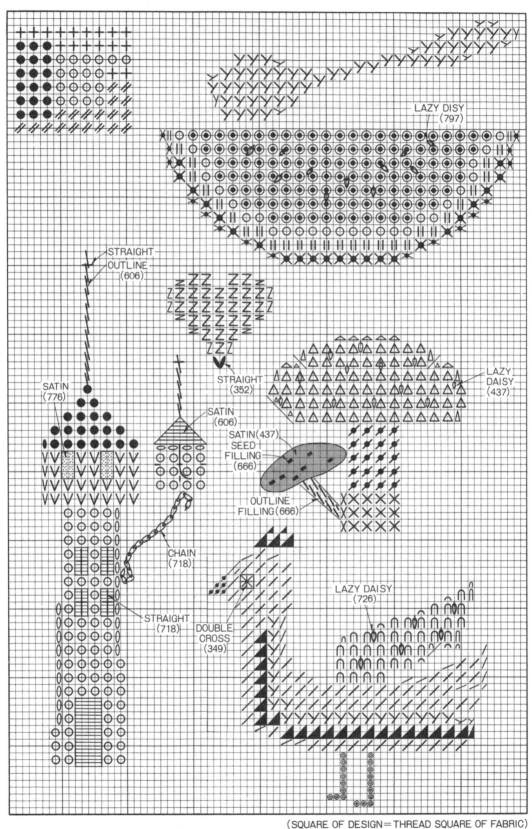

LAZY DISY
(797)

STRAIGHT
OUTLINE
(606)

STRAIGHT
(352)

SATIN
(776)

SATIN
(606)

SATIN (437)
SEED
FILLING
(666)

OUTLINE
FILLING (666)

LAZY
DAISY
(437)

CHAIN
(718)

STRAIGHT
(718)

DOUBLE
CROSS
(349)

LAZY DAISY
(726)

(SQUARE OF DESIGN = THREAD SQUARE OF FABRIC)

| ▯ = 210 | ● = 606 | Ⓞ = 776 | ∥ = 793 | Y = 437 | ◉ = 891 | ‖ = 828 | ⊠ = 987 | Z = 352 | △ = 666 | ⬚ = 726 |

| ⊠ = 356 | ▽ = 794 | ◣ = 797 | ⁄ = 813 | ∩ = 3012 | ◎ = 349 | ◺ = HALF CROSS |

56

⊼=783	✚=552	▧=991	▯=437	●=895	⊖=3347	◿=742	❈=550	⊡=734	■=666	⊤=554
⊠=972	⊟=352	Ⓞ=794	◤=797	Ω=334	⋀=725	⊗=800		

X = 995 V = 996 ⅄ = 550 Φ = 553 O = 992 T = 993 — = 943 Y = 304 ⊠ = 891 ◎ = 892 ▯ = 351

⊕ = 760 ● = 935 ◉ = 907 L = 470 ⁄ = 734 ◓ = 991 + = 602 △ = 604

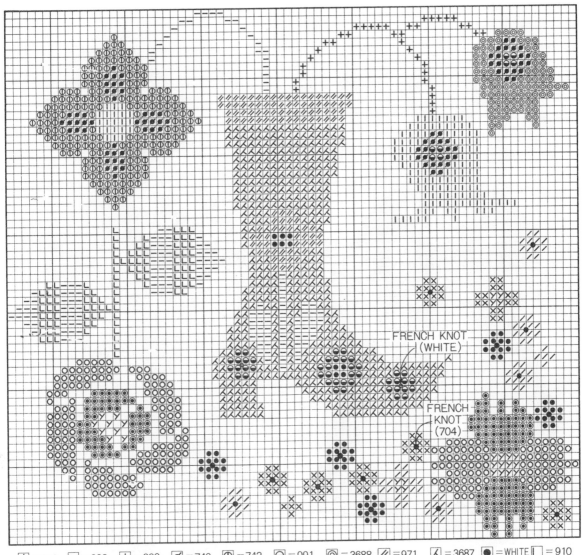

FRENCH KNOT
(WHITE)

FRENCH
KNOT
(704)

⊞ = 943   ⊟ = 992   Ⅱ = 900   ⬗ = 740   ⏀ = 742   ⊖ = 991   ◎ = 3688   ⫽ = 971   ⅄ = 3687   ● = WHITE   L = 910

◉ = 552   O = 554   Ⅴ = 704   ⁄ = 995   ⊠ = 996

■ = 310   ◐ = 825   ⊗ = 793   ☒ = 349   ○ = 818   • = 819   ⊞ = 760   ⊠ = 355   𝓁 = 742   △ = 469

T = 356   ◎ = 792   ◆ = 501   ╱ = 503   ▯ = 3041   ∨ = 776   ▲ = 891

NOSE = STRAIGHT (310)

HOLBEIN (310)

HOLBEIN (310)

▨ = 310	⊗ = 793	✎ = 606	▲ = 891	△ = 922	T = 356	▨ = 355	Λ = 761	• = 819	⋒ = 316
ℓ = 742	— = 3051	● = 823	∥ = 758	V = 776	O = 818	✖ = 893	∅ = 3687	L = 3052	

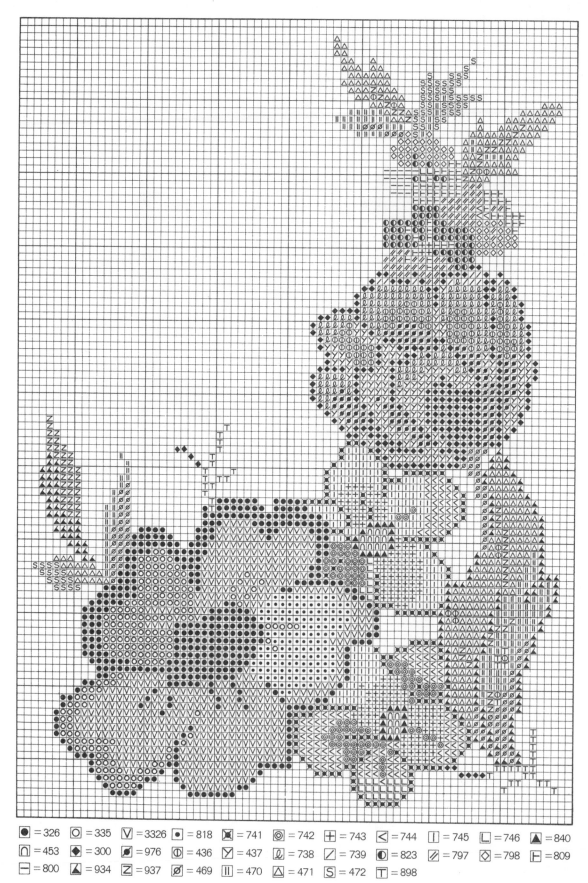

● = 326   O = 335   V = 3326   • = 818   ⊠ = 741   ◎ = 742   ⊞ = 743   < = 744   ‖ = 745   L = 746   ▲ = 840
∩ = 453   ◆ = 300   ∅ = 976   Φ = 436   Y = 437   ℓ = 738   ∕ = 739   ◑ = 823   ∥ = 797   ◇ = 798   ⊢ = 809
─ = 800   ▲ = 934   Z = 937   ∅ = 469   ‖‖ = 470   △ = 471   S = 472   T = 898

■ =815 ● =498 ▲ =304 ◉ =326 ○ =309 V =335 ⊠ =301 ⊖ =725 S =727 ◑ =826 ⊞ =827

⊠ =500 Y =501 △ =502 Z =937 ‖ =470 T =898 ◆ =3685 ∅ =3687 ⬛ =600 ◎ =601 A =602

▨ =603 ⃥ =605 ∅ =3326 ⊕ =610 ⫽ =830 ℓ =732 ⏐ =734 ⊠ =367 ⊢ =368

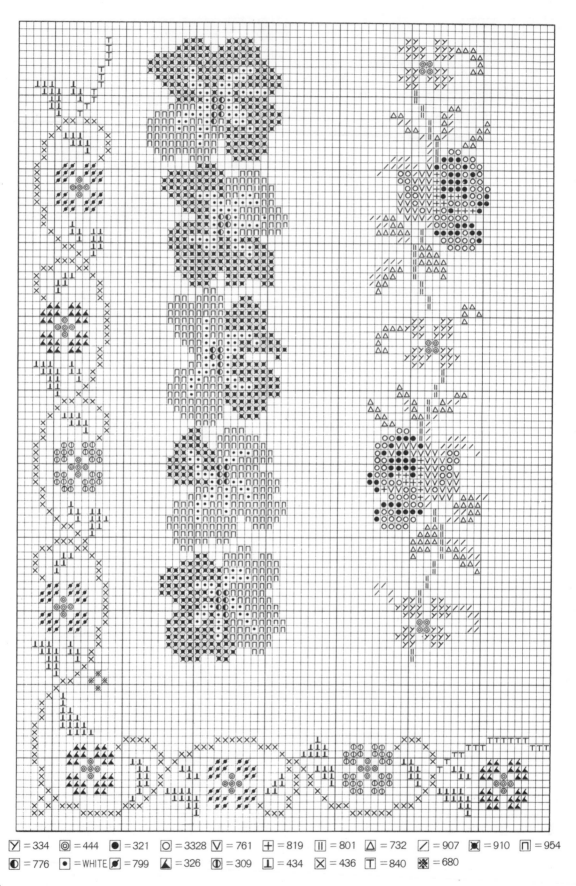

Y = 334　◎ = 444　● = 321　O = 3328　V = 761　+ = 819　‖ = 801　△ = 732　/ = 907　▨ = 910　∏ = 954

◐ = 776　• = WHITE　▨ = 799　▲ = 326　◍ = 309　⊥ = 434　X = 436　T = 840　✳ = 680

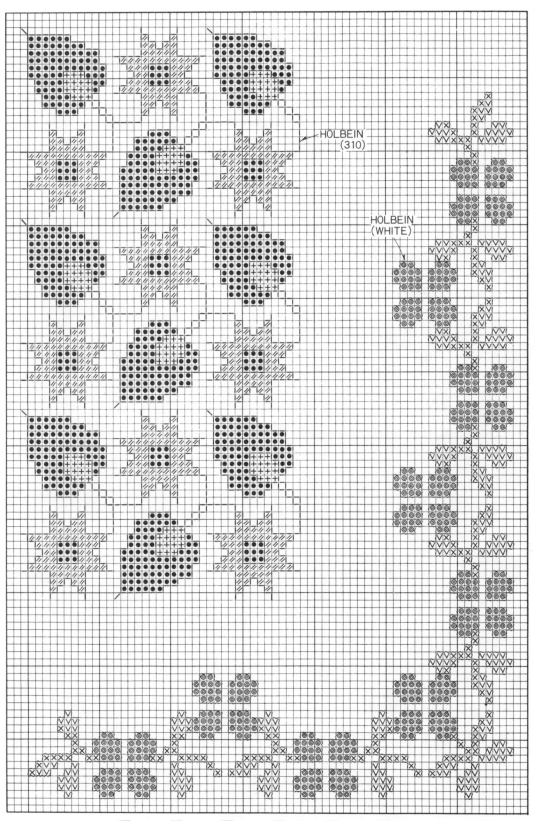

HOLBEIN
(310)

HOLBEIN
(WHITE)

● = 349 ▨ = 807 + = 744 ◎ = 321 ☒ = 912 ☑ = 954

◎ = 973
△ = 307
╱ = 445
▨ = 826
◑ = 813
⊘ = 828
⫿ = WHITE
■ = 814
✕ = 304
O = 321
▨ = 892
T = 956
⊓ = 957
• = 963
V = 350

HOLBEIN
---- = 911

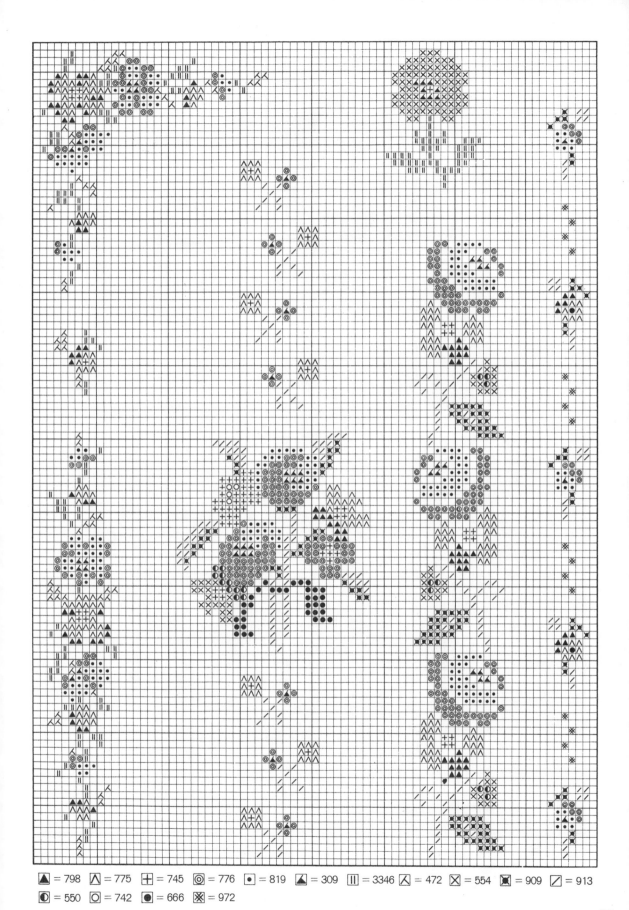

▲ = 798 Λ = 775 ╫ = 745 ◎ = 776 • = 819 ▲ = 309 ‖ = 3346 Λ = 472 ⋉ = 554 ▨ = 909 ⧸ = 913
◖ = 550 ○ = 742 ● = 666 ※ = 972

■ = 816 ◉ = 321 • = 309 ✔ = 335 O = 899 V = 818 ◑ = 326 X = 413 Z = 414

△ = 318 ▲ = 500 Y = 501 I = 502 ◐ = 936 ✖ = 937 A = 470 ⋏ = 472 / = 734

II = 300 T = 939

HOLBEIN
(437)

HOLBEIN
(368)

■ = 326	⊖ = 309	△ = 899	◻ = 3326	• = 818	⊞ = 973	‖ = 433	∅ = 437	— = 502	Y = 471	◆ = 517

| ◎ = 518 | ⋌ = 519 | V = 828 | ℓ = 598 | ⟍ = 747 | ⏀ = 976 | S = 977 | ◣ = 991 | ‖ = 992 | ⫽ = 993 | ● = 606 |

| ◇ = 971 | ▨ = 741 | ⊢ = 742 | ⋀ = 743 | ✕ = 744 | ⌐ = 745 | ▲ = 3345 | T = 3346 | ∩ = 3347 | ▲ = 315 | ⊖ = 316 |

| ◁ = 778 | ◐ = 601 | ⬭ = 603 | ◻ = 604 | ⊤ = 436 | ⟍ = 732 | ▽ = 367 | ⊥ = 368 | ◢ = 3685 | ⊕ = 3687 | ✚ = 3688 |

| ▷ = 3689 | ⁄ = 931 | ✖ = 926 | = = 927 | ◈ = 500 | ⊖ = 503 | ◓ = 891 | ⁒ = 892 | U = 894 | O = 898 | ✖ = 501 |

🖊 = 792	⊠ = 326	⊖ = 335	⩔ = 436	⨉ = 988	⊢ = 320	▲ = 924	◑ = 347	∅ = 3328	⅄ = 760	∧ = 761
⊠ = 319	⊤ = 367	⟍ = 471	● = 3685	Z = 3687	◯ = 3688	⟩ = 3689	• = 818	⌐ = 906	◎ = 972	ℓ = 745
⧄ = 746	⊠ = 3051	‖ = 732	A = 907	⊖ = 3031	◕ = 453	▼ = 434	◉ = 934	⧄ = 368	⊞ = 369	⊝ = 892
◇ = 894	⊥ = 469									

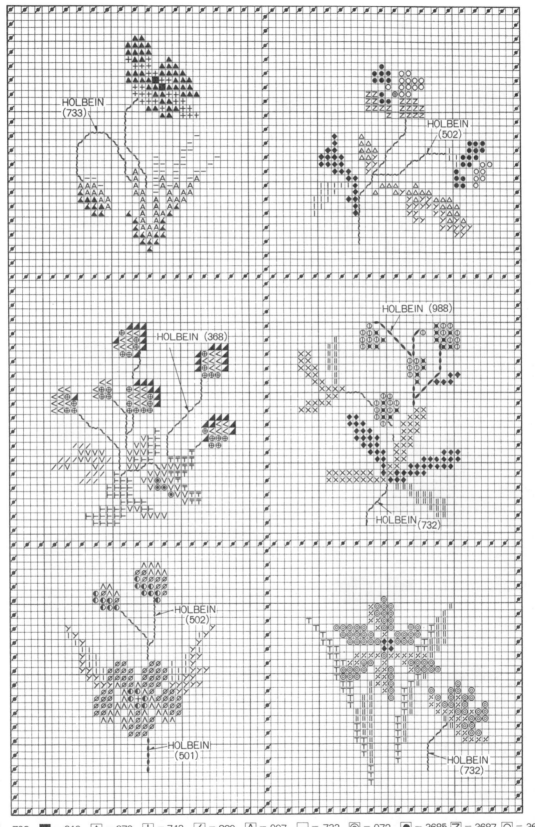

HOLBEIN (733)

HOLBEIN (502)

HOLBEIN (988)

HOLBEIN (368)

HOLBEIN (732)

HOLBEIN (502)

HOLBEIN (501)

HOLBEIN (732)

◩ = 792   ◼ = 310   ▲ = 970   ✚ = 743   ◢ = 829   A = 907   – = 733   ◎ = 972   ● = 3685   Z = 3687   O = 3688

◆ = 500   Y = 501   △ = 502   I = 503   ◢ = 824   ⊕ = 995   < = 996   ◉ = 934   T̄ = 367   ⊢ = 320   ⁄ = 368

V = 436   ▨ = 326   Φ = 3326   X = 988   ‖ = 732   ◖ = 347   ⊘ = 3328   ∧ = 761   ▨ = 921   T = 937

SATIN
(935)

SATIN
(907)

OUTLINE
(935)

SATIN (907)
(905)

OUTLINE (920)

△ = 800　◉ = 307　✕ = 703　▲ = 797　✖ = 603　• = 818　Ｏ = 445　Ⅰ = 368　◆ = 433　╱ = 842　◣ = 826　Ⅴ = 827

⊕ = 351　✿ = 352　Ⅹ = 907　‖ = 921　● = 3685　Ｚ = 3687　– = 3689　╱╱ = 437　◢ = 601　Ｙ = 792　Ｔ = 798　Ａ = 704

◑ = 597　∧ = 3325　◐ = 917　Ｌ = 369　■ = 326　✖ = 937　✗ = 794　◊ = 977　Ｈ = 320　Ｓ = 471

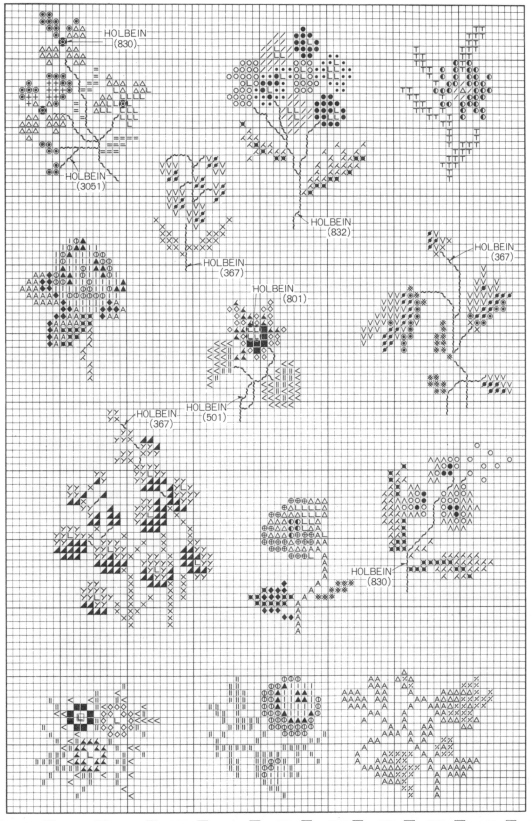

⊙ = 741	△ = 725	L = 726	✛ = 727	꞊ = 3051	◢ = 322	V = 3325	X = 367	● = 221	• = 223	O = 224
◿ = 225	✖ = 830	⅄ = 832	◑ = 321	T = 500	▲ = 309	⦶ = 335	‖ = 776	◆ = 3345	△ = 3347	■ = 552
◣ = 553	◇ = 554	‖‖ = 501	◁ = 503	◉ = 311	✳ = 319	◢ = 517	Y = 518	⊕ = 783	Λ = 819	⫽ = 742

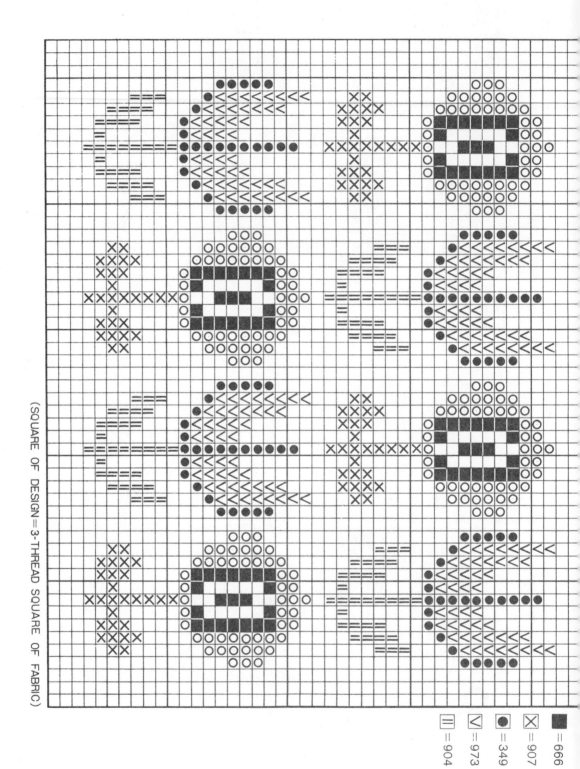

(SQUARE OF DESIGN=3-THREAD SQUARE OF FABRIC)

■ =666
☒ =907
● =349
☑ =973
☰ =904

74

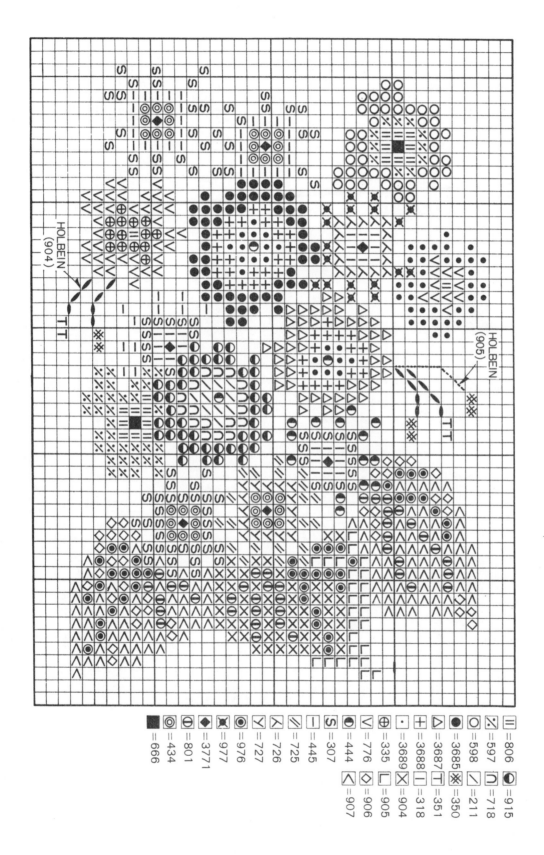

HOLBEIN (904)

HOLBEIN (905)

▦ =666	◉ =434	⊖ =801	◆ =3771	⊠ =977	◉ =976	Ⅴ =727	⋏ =726	∕∕ =725	Ⅰ =445	S =307	◐ =444	∨ =776	⊕ =335	· =3689	+ =3688	Ⅰ =318	▲ =3687	● =3685	⊤ =351	∕ =350	∩ =718	◑ =915
												⋀ =907	◇ =906	⌐ =905	⊠ =904			▦ =597	◯ =598	◎ =211		≡ =806

HOLBEIN
(823)

● = 666 ✕ = 336 Ⅴ = 726 ▲ = 304 ✕ = 806 ‖ = 898 ⊓ = 977 ◎ = 349

Y = 943 Z = 995 S = 742

HOLBEIN (310)

■ = 310 ● = 666 ⊙ = 900 ▲ = 311 ∕ = 518 ⊠ = 312 ∧ = 3347

■ = 604   Ⅲ = 972   ☒ = 798   Ⓞ = 762   ● = 605   ✛ =WHITE   ✎ = 703   Ⅰ = 973   ▲ = 970   ✖ = 407   Π = 402

● = 602 ◪ = 604 ⊕ = 798 ◇ = 741 ⩓ = 818 ‖ = 742 ▲ = 911 ◉ = 444 ⊞ = WHITE ⊠ = 718
○ = 211 ╱ = 894 ⌀ = 893 ⊕ = 827

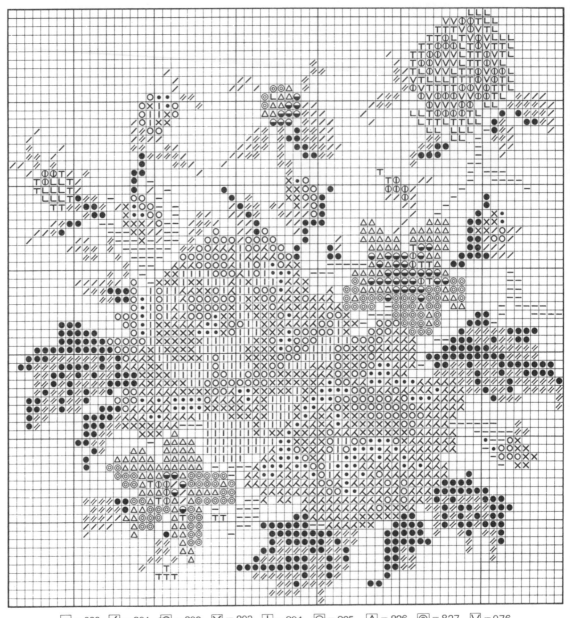

$\boxed{\bullet} = 326$ $\boxed{\angle} = 891$ $\boxed{\circleftstar} = 892$ $\boxed{X} = 893$ $\boxed{|} = 894$ $\boxed{\ominus} = 825$ $\boxed{\triangle} = 826$ $\boxed{\circledcirc} = 827$ $\boxed{V} = 976$

$\boxed{\Phi} = 977$ $\boxed{T} = 742$ $\boxed{L} = 743$ $\boxed{-} = 833$ $\boxed{\bullet} = 895$ $\boxed{/\!/} = 3347$ $\boxed{/} = 3348$

● = 601 ☒ = 603 Ø = 895 ─ = 3347 ◖ = 740 人 = 742 ⊕ = 825 ☒ = 826 T = 813

O = 700 + = 702 V = 827 I = 783

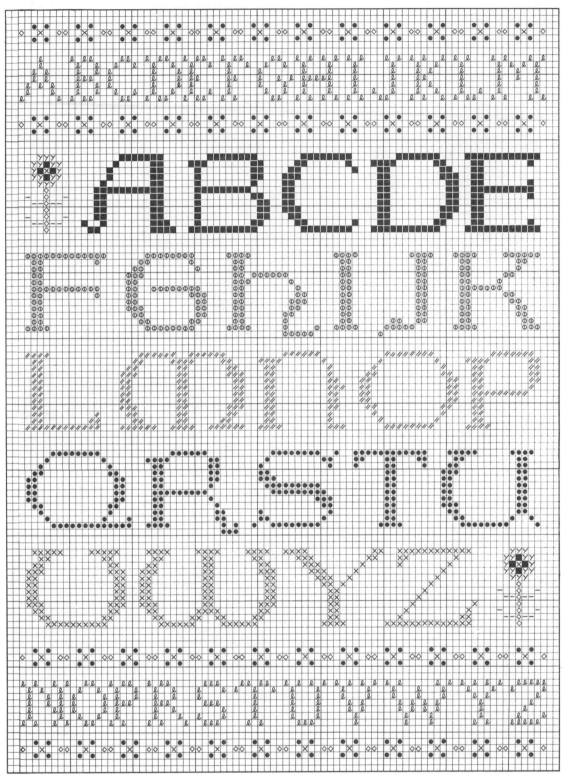

● = 349 ☒ = 726 ◇ = 937 ℓ = 433 Y = 351 — = 470 ■ = 310 ① = 761 ∥ = 813

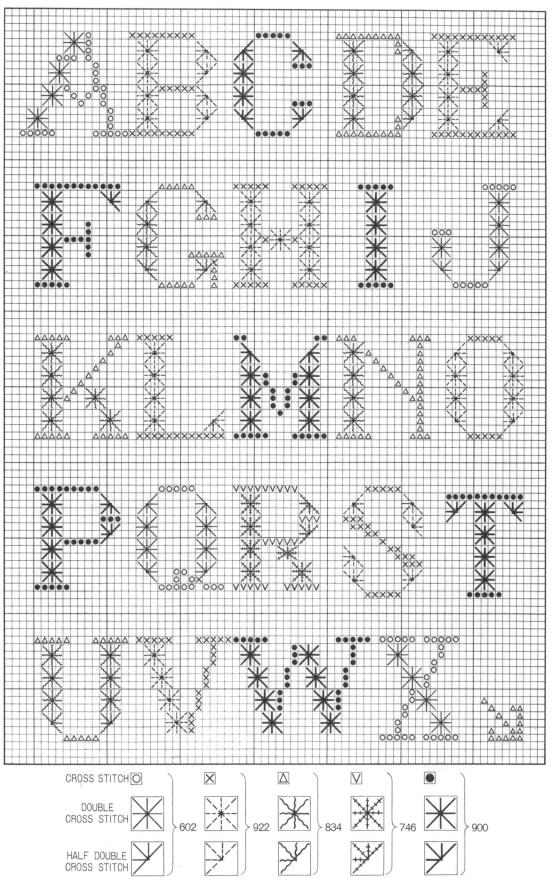

CROSS STITCH ☐

DOUBLE CROSS STITCH

HALF DOUBLE CROSS STITCH

602   922   834   746   900

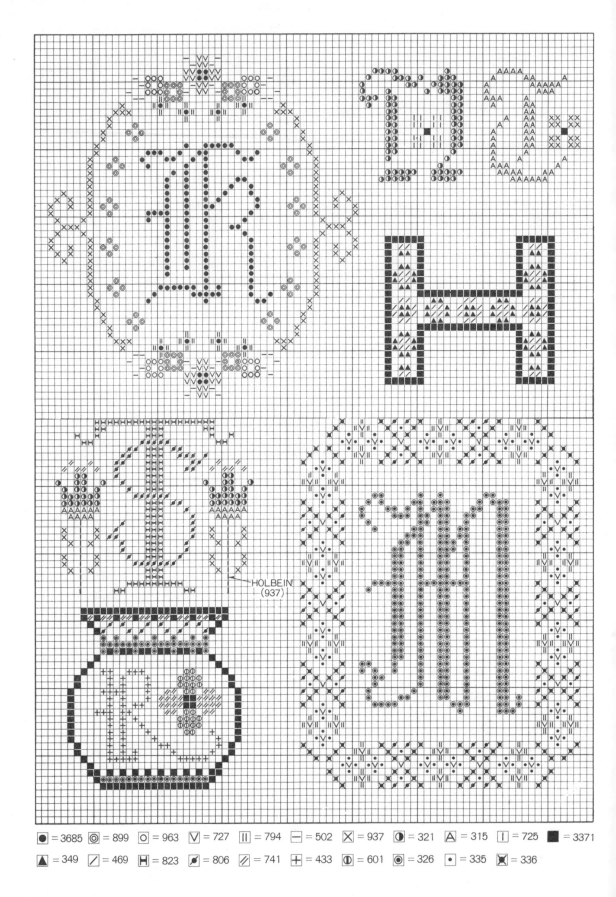

HOLBEIN
(937)

● = 3685 ◎ = 899 ○ = 963 Ⅴ = 727 ‖ = 794 — = 502 ✕ = 937 ◐ = 321 Ａ = 315 Ｉ = 725 ■ = 3371

▲ = 349 ／ = 469 Ｈ = 823 ✑ = 806 ⫽ = 741 ✛ = 433 Ⓓ = 601 ◉ = 326 • = 335 ✖ = 336

V =WHITE	S = 973	■ = 600	◎ = 602	• = 963	▲ = 797	‖ = 921	X = 911	● = 336	⊤ = 700	⅄ = 351	◆ = 300
△ = 553	∥ = 307	A = 353	Y = 840	T = 367	Z = 793	∅ = 471	◉ = 899	∅ = 518	O = 818	▣ = 798	/ = 744
⊞ = 842	◢ = 319	< = 368	⊥ = 791	⊕ = 3685							

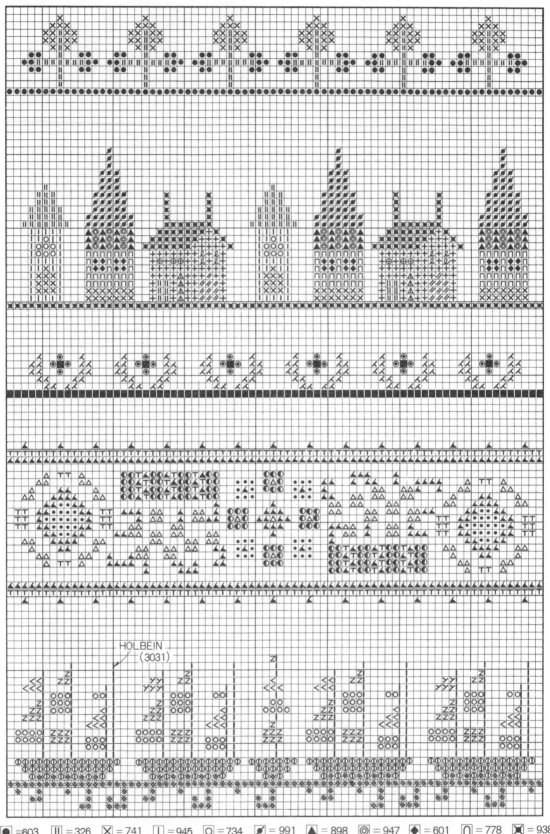

HOLBEIN
(3031)

● =603　Ⅱ =326　✕ =741　Ⅰ =945　○ =734　◢ =991　▲ =898　◎ =947　◆ =601　∩ =778　▨ =938

✚ =WHITE　⊕ =307　△ =963　⁄⁄ =972　𝓁 =503　■ =718　◉ =825　⅄ =554　▲ =823　Ⴐ =817　◑ =349

• =350　△ =740　✖ =553　Φ =3031　Z =452　< =453　⅄ =775

HOLBEIN WITH 3 STRANDS (402) HOLBEIN WITH 3 STRANDS (918)

HOLBEIN (891) WITH 3 STRANDS (791)

| 🖋 = 500 | ✗ = 927 | ◉ = 919 | ‖ = 402 | ■ = 791 | ⊕ = 891 | ◑ = 606 | Y = 414 | ● = 666 | ＋ = 3326 | ⊡ = 818 |
| 〃 = 986 | ∧ = 472 | △ = 911 |

(606)
(310) HOLBEIN WITH 3 STRANDS

○ = 606 ● = 321 ▲ = 791 ‖ = 700 ☒ = 742 ■ = 310

88

HOLBEIN
(977)

■ = 400　◉ = 606　‖ = 798　▲ = 895　∧ = 3348　⊤ = 977　✕ = 824　L = 470　○ = 3326　╱ = 402

─ = 415　✖ = 319　◇ = 553　Φ = 725　◢ = 3021　ℓ = 726　⊕ = 899　◖ = 321　│ = 927

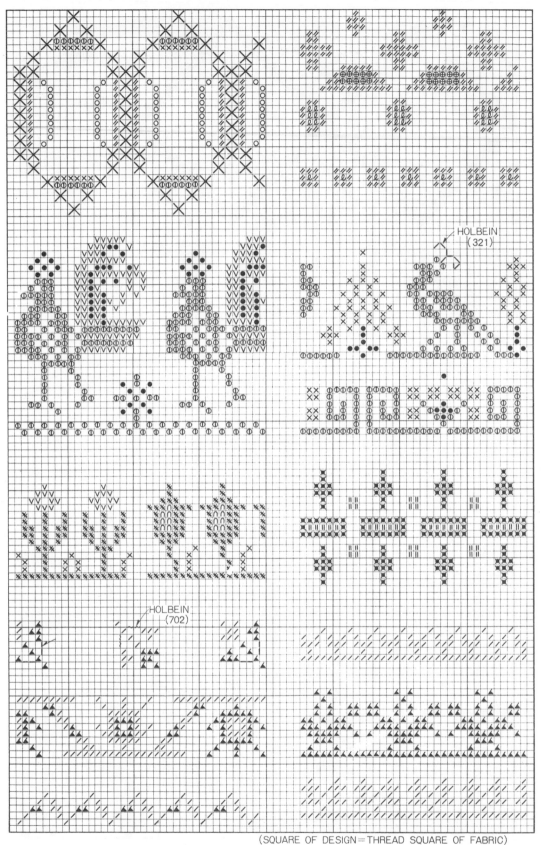

(SQUARE OF DESIGN = THREAD SQUARE OF FABRIC)

⬤ =798　☒ =809　⫽ =704　◯ =3688　⊕ =758　𝓵 =828　● =321　V =800　✕ =352　∩ =746　▨ =921

‖ =3348　▲ =666　╱ =702

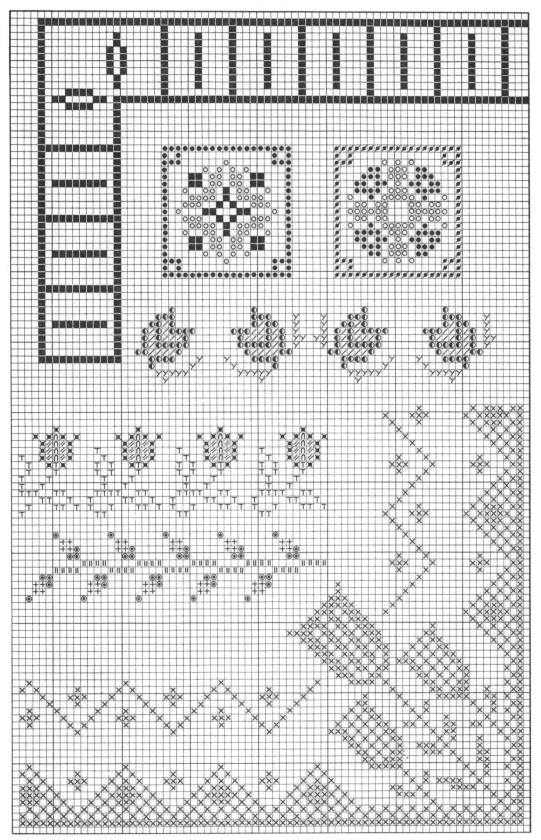

■ = 666   ● = 336   ○ = 699   ◢ = 743   ◑ = 792   ╱ = 794   Y = 937   ✕ = 741   ╱╱ = 725   ∩ = 726   T = 3051

◎ = 326   ✛ = 776   ‖ = 987   ✗ = 321

O	= 335	X	= 3687	V	= 809	■ = 310	— = 3051	/ = 435	▲ = 797	◉ = 326	• = 725

✕	= 898	+	= 436	▲ = 500	⅄ = 776	● = 820	‖ = 3052

HOLBEIN
(310)

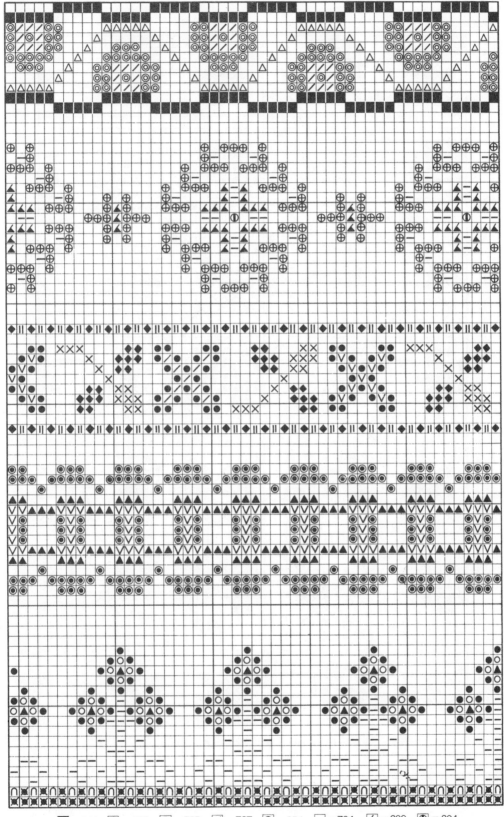

■ = 844   △ = 415   ◎ = 725   ╱ = 727   ⊕ = 351   ─ = 704   ◢ = 699   ⏀ = 304

◆ = 890   ✕ = 3347   ‖ = 307   ● = 498   ⋁ = 726   ◉ = 902   ▲ = 806   ⬣ = 815

∩ = 839   ○ = 498 (2 STRANDS)

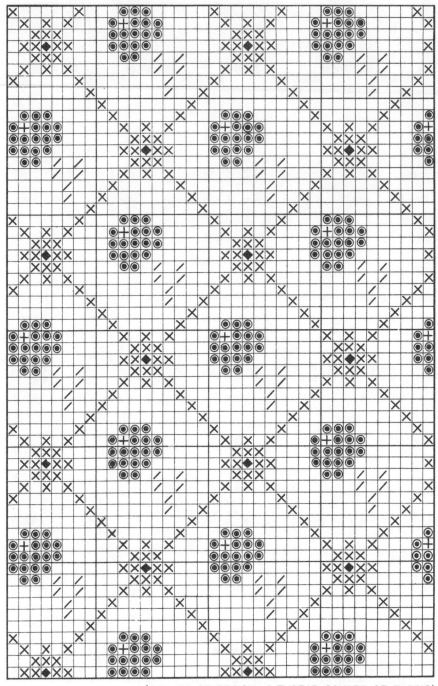

(SQUARE OF DESIGN=3-THREAD SQUARE OF FABRIC)

◉ = 817   + =WHITE   ◆ = 726   ✕ = 991   ╱ = 732

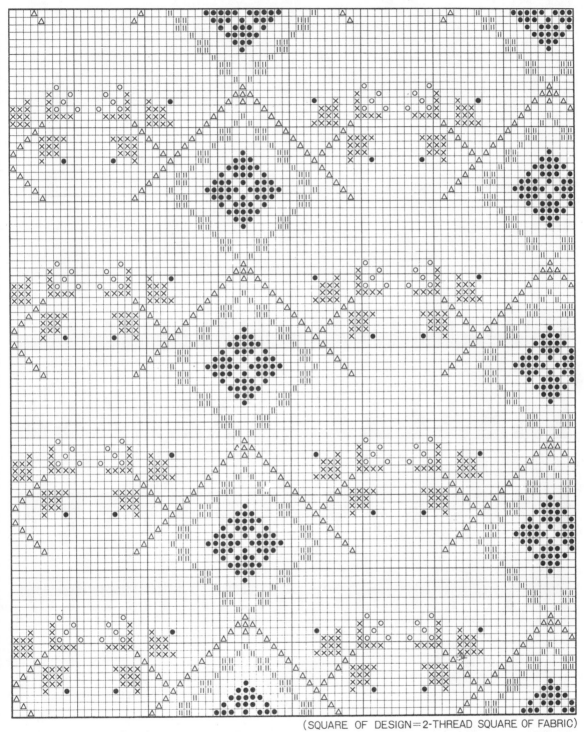

(SQUARE OF DESIGN=2-THREAD SQUARE OF FABRIC)

●= 349　☒ = 973　◯ =WHITE　‖ =3078　△ = 353

$\boxed{\text{I}}$ = 703	$\boxed{\text{X}}$ = 444	$\blacksquare$ = 310	$\boxed{\circledcirc}$ = 601	$\boxed{\text{X}}$ = 796	$\boxed{\text{Z}}$ = 797	$\boxed{\text{I}}$ = 943	$\boxed{\text{Λ}}$ = WHITE	$\boxed{\circledcirc}$ = 742	$\boxed{/}$ = 744

$\boxed{\bullet}$ = 798	$\boxed{\text{O}}$ = 809	$\boxed{\blacklozenge}$ = 327